Ratschläge eines alten Reiters an junge Reiter

Documenta Hippologica

Darstellungen und Quellen
zur Geschichte des Pferdes

Begründet von

Oberst H. Handler, Oberst W. Seunig,
Dr. W. Uppenborn, Dr. G. Wenzler.

Herausgegeben von

Brigadier Kurt Albrecht, Spanische Hofreitschule,
General P. Durand, Cadre Noir,
Prof. Dr. E.-H. Lochmann,
E. v. Neindorff, Dr. B. Schirg

Nuno Oliveira
Sämtliche Schriften

Bd. 5

Ratschläge
eines alten Reiters
an junge Reiter

1999
Olms Presse
Hildesheim • Zürich • New York

NUNO OLIVEIRA
SCHRIFTEN

Ratschläge eines alten Reiters an junge Reiter

Übersetzt von Bertold Schirg

1999
Olms Presse
Hildesheim • Zürich • New York

... Mittelmaß hat an der Liebe keinen Anteil, und ohne Liebe kann man kein Kunstwerk schaffen", hat uns Nuno Oliveira gesagt.
Diese Liebe ist es, verbunden mit sehr technischen Ratschlägen, welche man immerfort wiederfindet in diesen „Ratschlägen eines alten Reiters".

Die Zeichnungen stammen von dem Bildhauer Jean-Louis Sauvat.
Photographien : Philippe Morvan und Sammlung Nuno Oliveira.

Die vorliegende Ausgabe wurde dank der Mithilfe von Sue und Miguel Oliveira im Namen der Erben von Nuno Oliveira vervollständigt.
Die photographischen Zeugnisse wurden der Originalausgabe hinzugefügt in dem Bestreben, die Schriften des Maître zu bereichern und sie verständlich zu machen.

Die Deutsche Bibliothek - CIP-Einheitsaufnahme

Oliveira, Nuno:
Sämtliche Schriften/Nuno Oliveira.
Hildesheim ; Zürich ; New York: Olms-Presse
(Documenta hippologica)
NL: Oliveira, Nuno : [Sammlung <dt.>]

Bd. 5 Ratschläge eines alten Reiters an junge Reiter
ISBN 3-487-08384-1

Originaltitel
Propos d'un Vieil Ecuyer aux Jeunes Ecuyers

Printed in Hungary
Gedruckt auf säurefreiem und alterungsbeständigem Papier
ISBN 3-487-08384-1

INHALT

V O R W O R T

Mein Freund Nuno Oliveira erwies mir die Ehre, zu seinem Werk „Ratschläge eines alten Reiters an junge Reiter" ein Vorwort zu schreiben. 1981 hatte mir der Gestütsdienst vorgeschlagen, die Entwicklung der Dressurmethoden zu studieren. Heute finden sich meine Ergebnisse durch die reiterlichen und philosophischen Ratschläge des portugiesischen Meisters bestätigt. Mögen sie die Leser dazu anregen, die Grundsätze dieses Apostels der Reiterei à la Française zu übernehmen.

COLONEL (JETZT GENERAL) PIERRE DURAND,
DIREKTOR DER ECOLE NATIONALE D'EQUITATION, SAUMUR

Fortschritt und Normalisierung der Ausbildung müssen ohne Zwang übereinstimmen.

Die Ausbildungsmethoden spiegeln die persönliche Erfahrung ihrer Urheber wider. Sie tragen Empfindungen Rechnung und zielen darauf hin, im Laufe einer Entwicklung Verfahrensweisen miteinander zu verbinden, sie neu aufzustellen. Häufig genug rühren die Unterschiede zwischen diesen Verfahrensweisen vom Körperbau und der Persönlichkeit der Meister her.

Die enge Verknüpfung, welche sie vorschlagen, scheint zu wenig flexibel, um sich an die Verschiedenheit der Rassen und den heutigen Stand anzupassen.

Ja, dieses Grundmuster schadet sogar der Glaubwürdigkeit der Verfahren, welche es ausmachen, und entlastet den Meister des Werkes von seiner Verantwortlichkeit.

Bei Betrachtung der Ausbildungsmethode führen doch die modernen Forschungen dazu, den inneren Geist der Methode in der Ausbildung zu bevorzugen.

Der Maître

Die Entwicklung der Methoden hat die Verfahrensweisen vervielfacht, deren eine jede wiederum neue eröffnet hat. Deren wirksamste nur haben die Zeitläufe überstanden. Das ist das reiterliche Erbe, die Summe der „Verfahrensweisen mit Erfolg".

Die reiterliche Kultur und die durchdachte Praxis erlauben dem Pferdemann, die dem jeweils besonderen Zustand seines Pferdes und des Paares Reiter-Pferd angepaßten besten Mittel auszuwählen, welche zur Einheit führen.

Das Ziel ist unverändert: Das korrekte Pferd.

Die Gesetze der tierischen Bewegung, wie wir sie heute genau kennen, vermitteln davon eine exakte Vorstellung. Das Verhalten des Pferdes ist noch ungenügend erforscht. Dennoch besitzen wir folgende Gewißheiten: Vergeblichkeit von Zwang und Kraft, Notwendigkeit von Überredung und Vertrauen.

Der Einsatz der auszuwählenden Verfahrensweisen und die zeitliche Folge ihres Einsatzes bestimmen eine große Vielfalt der Wege, auch der gebräuchlichsten.

Die Auswahl des jeweils besten Verfahrens und der Gedankenreichtum der Methode machen eine moderne Grundlage der Ausbildung aus, welche Reiter und Pferd zugleich adelt.

Aber diese Grundlage kann nur vernünftigen Zielsetzungen Genüge tun. Hat doch General L'Hotte geschrieben: „Soviel wie der Mensch taugt, taugt das Mittel."

Das Mittelmaß hat an der Liebe keinen Anteil.
Und ohne Liebe kann man kein Kunstwerk schaffen.

NUNO OLIVEIRA

ZU BEGINN

Ich hatte mich entschlossen, nicht mehr über das Reiten zu schreiben.

Unzählige Reiter haben im Laufe der Jahrhunderte das Resultat ihrer Forschungen und Überlegungen zu dieser wunderschönen Kunst, welche die Reitkunst ist, niedergelegt. Einige dieser Autoren haben sich darauf beschränkt, das, was andere geschrieben haben, zu wiederholen in der Überzeugung, daß alles auf einem System beruhen muß. Ganz sicher gibt es Regeln und Grundsätze von übergeordneter Bedeutung, die man niemals außer acht lassen darf. Aber man muß auch der Überzeugung Rechnung tragen, daß jedes Pferd ein Individuum ist, mit einer besonderen Persönlichkeit ausgestattet, welche ihm ganz zu eigen ist, und daß jeder Reiter weder dieselben Reflexe noch denselben Grad an Auffassungsvermögen wie ein anderer besitzt.

Der Mensch hat über lange Zeiten versucht, die Bewegungsabläufe, welche das Pferd entwickelt, zu verbessern, Abläufe, die durch einen Tag für Tag geschmeidiger werdenden Körperbau zu erhalten sind und durch den stets gleichen Willen, eine zunehmend harmonischere Einheit zwischen beiden Lebewesen zu erreichen. Ein solcher Mensch weiß sehr wohl, daß jedes Pferd sich vom anderen in seinen Reaktionen und in seinem Verhalten unterscheidet. Wenn er dazu noch zahlreiche Jahre des Reitunterrichts hinter sich hat, weiß er auch, daß jeder Reiter sich vom anderen unterscheidet, sowohl in seinem Körperbau als auch in seinen willkürlichen und unwillkürlichen Bewegungen. Im Zeitalter des Computers erkenne ich, daß zahlreiche Reiter nur an eine „Methode“ denken und viele unter ihnen, welche über das Reiten schreiben, dazu tendieren, unbedingt ein System aufzustellen. Ganz wie die Menschen im wesentlichen gleich sind, sich aber aufgrund ihrer Herkunft und der verschiedenen Klimate unterscheiden, unterscheiden sich auch die Pferde. Vergleichen Sie beispielsweise ein englisches Vollblut, das in einem kalten Klima (Nordeuropa oder Vereinigte Staaten) aufgewachsen ist, mit einem anderen englischen Vollblut, welches in Südamerika, wo es niemals kalt wird, aufgewachsen ist. Ich habe häufig Gelegenheit, Pferde in verschiedensten Klimaten zu arbeiten, und bin mir klar darüber, daß ein einziges System nicht in allen Fällen anwendbar ist.

Sehr wohl müssen die klassischen Prinzipien von übergeordneter Bedeutung bei der Arbeit berücksichtigt werden, aber jeder muß sich über seine eigene Aufnahmefähigkeit klar werden. Das ist der Reitertakt, von dem alle Autoren gesprochen haben. Dieser Takt kommt nicht nur durch das körperliche Vermögen zustande, die

Bewegungsabläufe, welche das Pferd produziert, zu erfassen und sich ihnen anzupassen oder sie zu verändern, sondern er besteht ebenso aus der fortwährenden Beobachtung geringster Veränderungen, und das in Sekundenbruchteilen. Der Unterrichtende muß sich der Kenntnis dessen, was er unterrichtet, sicher sein, sein Augenmerk auf alles, was bei Pferd und Reiter abläuft, richten, in der Lage sein, den rechten Ratschlag zu geben, nicht indem er die üblichen Parolen wiederholt, sondern weil seine Beobachtung ihm eingibt, was er im präzisen Augenblick zu sagen hat.

In meinem letzten Buch, „Klassische Grundsätze der Kunst, Pferde auszubilden“, habe ich versucht, den Reitern Nutzen zu bringen, indem ich ihnen ein Verfahren aufgezeigt habe, welches mir sinnvoll bei der Arbeit mit Pferden erscheint, indem ich ihnen vor allem von Zartgefühl sprach, nicht von Gewalttouren. In Australien habe ich mich wieder für das Schreiben entschieden, während ich die Jugend beobachte, wie sie voller Begeisterung ist, aber fortwährend eine Systemtheorie verfolgt, gleich, um welches Pferd es sich handelt. In den folgenden Kapiteln möchte ich versuchen, den Reitern einer Epoche hilfreich zu sein, deren Tendenz es ist, alles zu Präzisionsmaschinen zu machen.

KAPITEL

I

KONTAKT UND HINGABE DER ZÜGEL

• *„Man muß wissen, wann zu berühren und wann zu lockern"* •

KONTAKT UND HINGABE DER ZÜGEL

Die einen sagen: „Treiben Sie an die Hand und lassen Sie das Pferd nicht den Kontakt mit seinen Zügeln verlieren." Die anderen sagen: „Lockern Sie die Zügel, damit das Pferd sich daran gewöhnt, selbständig, fröhlich und leicht zu arbeiten."

Gewiß haben beide Aussagen etwas Wahres. Man muß wissen, wann es heißt, den Kontakt zu bewahren und wann, ihn zu lockern, was sich – je nachdem, welches Pferd man arbeitet – zu sehr verschiedenen Momenten empfiehlt. Es hängt von seinem Vorwärtsdrang ab, von seinem Erregtheitszustand, von seinen Steifheiten oder Seitenungleichheiten. Bestimmte Pferde haben es nötig, festgehalten zu werden, damit sie sich dann entspannen können, andere muß man zu Anfang locker lassen, ehe man sie festhält.

Um dies zu verstehen, ist es wichtig, die Erklärung für den Begriff „Vorwärtsdrang" zu kennen. Vorwärtsdrang ist nicht das, was viele glauben und predigen: „Treiben Sie auf die Hand, damit das Pferd sich spannt und energisch wird, das ist alles!" Ein Pferd mit Vorwärtsdrang ist jenes, das sich in der gewünschten Gangart in Bewegung setzt und stets die gleiche Energie einbringt, gleich, in welcher gewünschten Haltung und dabei solange wie möglich ohne Unterstützung von Hilfen. Der Dressurreiter von heute wird gut daran tun zu wissen, wie sein Pferd sich auf Saumpfaden verhält, beim Überwinden von Gräben oder Hindernissen in der Natur oder, um in die Vergangenheit zu schweifen, wie es sich verhält, wenn er sein Leben mit den Zügeln in einer Hand, den Degen oder Säbel in der anderen, zu verteidigen hätte... Leichtheit besteht nicht nur darin, wie wenig das Pferd sich auf die Zügel legt. Sie besteht exakt darin, ein Pferd zu haben, welches durch seine Fröhlichkeit und Energie solange wie möglich die gewünschte Haltung und Bewegung bewahrt, ohne durch Hilfen dazu ermuntert werden zu müssen. Um diese Leichtheit zu erreichen, bedarf es nicht nur der Grundsätze, an die man sich halten muß, sondern vor allem der Geschwindigkeit im Ausdeuten der vom Pferd produzierten Abläufe.

KAPITEL

II

DIE BEINE DES REITERS

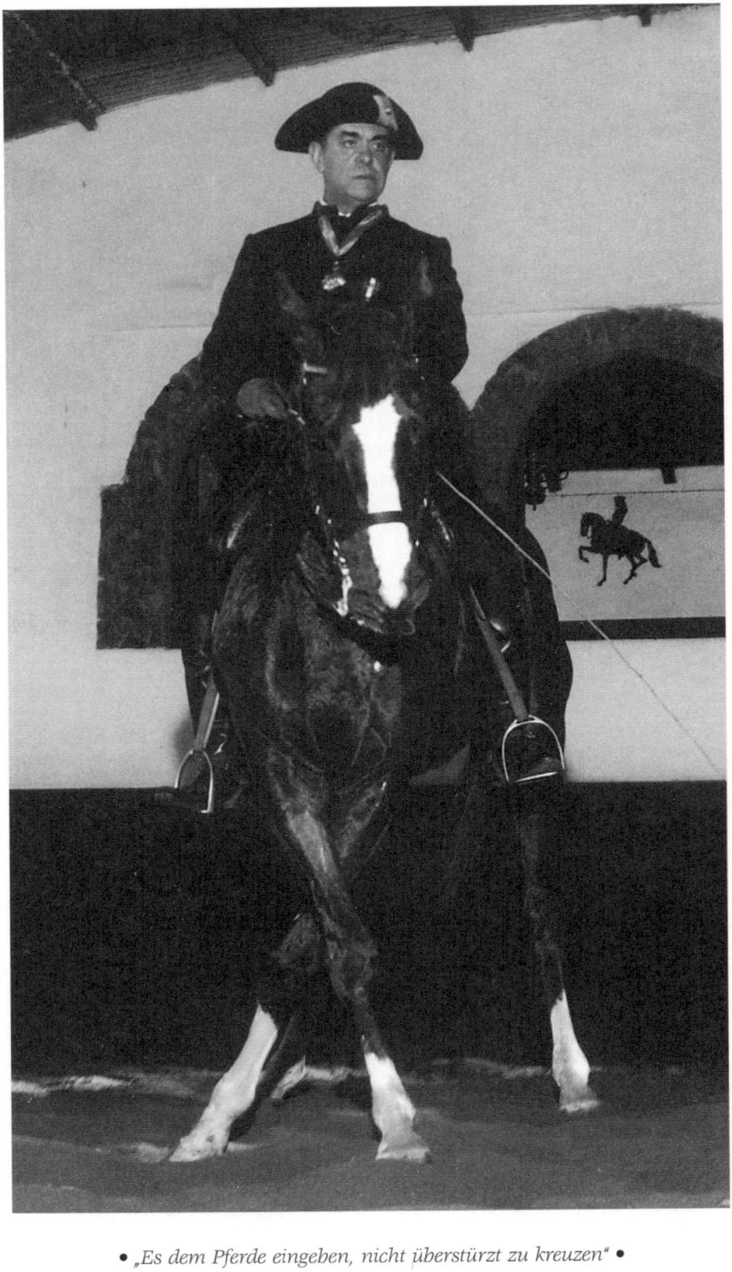

• „Es dem Pferde eingeben, nicht überstürzt zu kreuzen" •

KAPITEL

DIE BEINE DES REITERS

Viel hat man über den Begriff der Hände des Reiters geschrieben, aber wenige Reitlehren befassen sich mit dem Problem der Beine. Die Mehrzahl fehlerhafter Bewegungen, die man in den Händen wahrnimmt, entspringt falschen Tätigkeiten oder Anforderungen der Beine. Man neigt dazu, den Schenkeldruck zu mißbrauchen, und ich werde Ihnen eine sehr einfache Erklärung dazu liefern, welche Anregung sein soll, nicht so zu verfahren: Das Pferd atmet, und wenn der Schenkeldruck beständig ist, atmet es gegen ein Gewicht, welches seine Flanken zusammendrückt. Die Beine müssen weich und locker am Pferd herabhängen, und sie müssen schnell berühren und wieder locker werden und wenn nötig wieder berühren und wieder locker werden im Sekundenbruchteil. Bei den meisten Reitern sehe ich ans Pferd geklebte Beine, die Ferse stets tadellos nach unten gestreckt, die Sporen immer zu hoch plaziert, und sie werden sich nicht darüber klar, ob sie berühren oder nicht. Es ist klar, daß man mit solchen Beinen keinerlei feinen Bewegungsablauf hervorrufen kann: Weder direkt über die Flanken noch über den Umweg des Zügels. Ebenso ist es bedenklich, daß der Reiter sich nicht darüber klar wird, daß er seinen Rücken verkrampft, wenn er mit den Beinen preßt und dadurch seine Mittelpositur an korrektem Einsatz hindert, und das wird zum Teufelskreis. Beine müssen schnell berühren, locker sein, noch energischer, wenn es gilt, einen Spornstoß zu geben. Ein zu hoch plazierter Sporn verhindert bestimmte zarte Berührungen, für welche man die Fußspitze nach unten bewegen muß (die Ferse also locker haben), mit einem Sporn, der das Pferd berührt wie die Finger eines Gitarristen sein Instrument.

Bei der Entwicklung von Seitengängen heißt es im Moment des einen Schrittes zu berühren, während des anderen nachzugeben und dem Pferd Zeit zu lassen, ohne Überstürzung überzutreten, was sonst immer passiert, wenn man unüberlegt drückt; daher rührt das ungenügende Übertreten, das Pferd hat keine Zeit, die Sache in Kadenz zu vollbringen. Wenn Sie meinen, daß der Sporn nur das Bein verstärkt, dürfen Sie nicht hoffen, daß das Pferd ein hohes Niveau an Schwungkraft und Leichtigkeit erreichen wird.

In bestimmten Fällen kann der Sporn auch geschmeidig machen und sogar mit einer extremen Finesse des Einsatzes auf die Dekontraktion des Kiefers über die Beziehungen zwischen Muskelwirkung und Verkrampfung einwirken. Das soll nicht heißen, daß ein gleicher Ratschlag bei allen Pferden anzuwenden ist. Bei bestimmten Pferden, die weder zu kitzlig noch zu hitzig sind, muß der Reiter mit der gemäßigt eingesetzten Spornhilfe als „Geschmeidigmacher“ eine Leichtheit und eine Abgerundetheit der Haltung erreichen, welche sie dazu bringt, alles, was man möchte, durchzuführen. Bei anderen Pferden, zu stätig oder zu hitzig, besitzen nur wenige Reiter die Gnade des Sporneinsatzes als Geschmeidigmacher. Den meisten Reitern rate ich auch den Einsatz von Sporen ohne Rädchen, welche die Pferde weniger kitzeln und weniger Widerstand provozieren. Doch je mehr sie als Hilfe zum Geschmeidigmachen dienen, sind die Rädchensporen feiner und subtiler.

In allen Künsten gab es unsterbliche Werke, mittelmäßige und abscheuliche Machwerke. Jedesmal waren es verschiedene Existenzen, welche sie hervorgebracht haben. Ebenso ist es mit den Reitern, es gibt nicht ein System für alle.

K A P I T E L

III

DAS INNERE BEIN

• *„Das innere Bein dient im Galopp als Bande oder Wand ...“* •

DAS INNERE BEIN

Die Praxis zeigt uns, daß ein Pferd seinen Rücken nicht hergeben kann, ehe es auf den Seiten dem jeweils inneren Bein nachgegeben hat. All die kleinen Volten um das innere Bein, welches am Gurt plaziert ist und zart von hinten nach vorne gleitet, haben zum Ziel, daß das Pferd auf der inneren Seite nachgibt, vom Schweif bis zum Kopf, ohne sich travers zu stellen und indem es sich entspannt. Sicher, der innere Zügel gibt Stellung, aber er nimmt nicht. Die Rolle des inneren Beines besteht darin, zu erreichen, daß das Pferd sich um dieses Bein wendet, ohne mehr Gewicht auf der inneren als auf der äußeren Schulter zu tragen. Selten kommt es vor, daß ich, wenn ich meine Pferde ausbilde, irgendetwas anderes verlange ehe ich nicht mit diesen kleinen Volten beginne.

Wenn das Pferd gut um das innere Bein gebogen ist, setzen Sie dieses Bein in unendlich kleinen Zeitabständen jedesmal ein, wenn Sie eine Verspannung oder eine Härte auf der inneren Seite spüren. Der große Fehler von Reitern, die im Galopp das innere Bein übertrieben benutzen, mit allen sich daraus ergebenden Schwierigkeiten, ist, daß sie zuvor das Pferd nicht um dieses Bein biegsam gemacht haben und daß sie das innere und äußere Bein mit der gleichen Intensität einsetzen. Das Pferd versteht es nicht und kommt in Unordnung. Im Galopp dient das innere Bein als Grenzbefestigung oder Mauer, hindert das Pferd daran, sich travers zu stellen. Gewiß kann es auch nahe am Gurt schnell einwirken, wenn es sich um Verspannung oder Steifheit handelt, aber in keinem anderen Fall. Es dürfte interessant sein, wenn die Reiter ein wenig nachlesen, was der Marquis de Saint-Phalle zu diesem Problem geschrieben hat. Dem Schauenden erscheinen die beiden Beine völlig gleich plaziert, aber der Reiter mit Gefühl weiß, daß er sie unterschiedlich einsetzt.

KAPITEL

IV

DER REITER MUSS SEIN KÖRPERGEWICHT EINSETZEN

• *„Der Reiter muß sein Körpergewicht einsetzen"* •

DER REITER MUSS SEIN KÖRPERGEWICHT EINSETZEN

Ein Reiter mit Gefühl und gutem Sitz, gut gestreckt im Sattel, muß in seiner Wirbelsäule alles, was auf dem Rücken und in den Gliedern des Pferdes abläuft, spüren. Völlig aufrecht muß er in der Lage sein, sich ein wenig auf die eine oder andere Seite zu setzen, um diese oder jene Körperregion des Pferdes zu ent- oder belasten. Er muß auf einem Bügel mehr als auf dem anderen lasten können, auf einer Gesäßhälfte mehr als auf der anderen, indem die Mittelpositur sich mehr gegen eine Schulter hin als gegen die andere senkt, muß eine Schulter nach hinten, die andere nach vorne setzen können. Er muß sich auch leicht nach vorne neigen können, um die Hinterhand, oder nach hinten neigen, um die Vorderhand zu entlasten. Jeder dieser Bewegungsabläufe ist unterschiedlich und hängt vom Feingefühl und den ultraschnellen Reflexen ab, ob sie die richtige Hilfe im richtigen Moment geben. Ein Pferd ausbilden heißt vor allen Dingen zu fühlen und sich zu zwingen, nachdem man gefühlt hat, zu helfen und nicht zu zwingen. Gerade jetzt habe ich unter meinen jungen Ausbildungspferden eines, dessen Piaffe sehr hoch und sehr kadenziert beginnt. Also lehne ich mich schnell ein wenig nach vorne und spüre, daß seine Hinterhand nicht mehr überlastet ist. Es hat sich jetzt daran gewöhnt, einen guten Bewegungsablauf der Hinterhand zu liefern, und von da an habe ich wieder langsam die Oberpositur in Normalhaltung gebracht. Glauben Sie bitte nicht, daß man bei der Ausbildung eines Pferdes seinen Sitz nicht ein wenig ändern könne, um dem Pferd zu helfen. Ist das Pferd symmetrisch und leicht beeinflußbar geworden, wird von da an der Reiter unbeweglich bleiben, aber mit einer entspannten Mittelpositur. Völlig aufrecht muß er aber auch wissen, wie man kräftiger oder leichter einsitzt. Kräftiger sitzt man ein, wenn man die Gesäßmuskeln entspannt, und leichter, wenn man sie anspannt. Die Bewegungsabläufe des Pferdes veranlassen Sie, in diesem oder in jenem Augenblick eine bestimmte Sitzhaltung zu wählen. Der Theoretiker aber denkt nur an das System. Die Tätigkeit jedoch ist es, welche den Reiter wissen macht, was er zu tun hat, da er zu schulen und schnell zu handeln gewöhnt ist. Das Pferd ist ein Lebewesen mit von Natur aus weitaus schnelleren Reflexen als der Mensch. Das Ziel des Reiters ist es, sich zu bemühen, ebenso schnell zu handeln wie das Pferd, und gemäß seinen Bewegungsabläufen.

KAPITEL

V

DAS SCHULTERHEREIN

• *„Manche müssen mehr, andere weniger nach innen gestellt sein …"* •

DAS SCHULTERHEREIN

Man sieht völlig unsinnig angewandt eine Übung, die sich „Schulterherein" nennt. Ich nenne diese Verzerrung eher „überlastete Außenschulter". Es dürfte weitaus eher zu bevorzugen sein, bei der Praxis kleiner, geometrisch einwandfreier Zirkel zu bleiben, als zu solch falschem Schulterherein überzugehen. Fast immer beginnen die Reiter diese Übung, indem sie mit dem inneren Zügel einwirken. Nun ist aber der erste nötige Bewegungseinsatz jener, das Pferd mit der Hilfe des äußeren Zügels dazu zu bringen, die Außenschulter nach innen zu bewegen. Nur wenn diese Außenschulter weiter innen ist, vermittelt man den Grad der Innenbiegung, so wie es das einzelne Pferd verträgt, und gemäß seinem Ausbildungsstand. Manche neigen mehr dazu, andere weniger, den Hals nach innen zu biegen. Schulterherein bei einer Vorführung muß festen Regeln und Vorgaben unterworfen sein; das Schulterherein, in dem man in verschiedenen Ausbildungsphasen gymnastiziert, wird bestimmt durch die besonderen jeweiligen Lockerungsziele. Manche Pferde brauchen eine längere Arbeit im Schulterherein als andere, die von Natur aus mehr seitbiegig sind. Hier also zusätzliche

Beweise, daß man die Arbeit nicht in ein System pressen kann.

Bestimmt haben schon jahrhundertelang die Reiter das Schulterherein praktiziert, ohne es so zu nennen. Es ist ziemlich sicher Monsieur de la Guérinière, der dazu die Grundlagen umrissen hat. Die Theoretiker werden Ihnen sagen, daß Baucher es nicht praktiziert hat. Aber was sind denn sonst seine Seitengänge? Und haben Sie seinen Sohn Henri Baucher gelesen? ...

Die Pferde zu biegen ist eine natürliche Angelegenheit, so heißt es, sie gut und nützlich zu biegen.

KAPITEL

VI

DER EFFET D'ENSEMBLE

• *„Mein Rat: Effet d'Ensemble immer am Gurt"* •

DER EFFET D'ENSEMBLE

Der effet d'ensemble am Sporn ist ein Mittel, das Pferd aufmerksam, aufgewölbt, ruhig und leicht zu bekommen. Wesentlich ist es, daß bei diesem effet d'ensemble die Spornwirkung sich an einem anderen Platz abspielen muß als in ihrer üblichen Wirkzone. Also rate ich dazu, daß die Wirkung des effet d'ensemble immer am Sattelgurt stattfindet. Wenn der effet d'ensemble korrekt zum Einsatz kommt, hört das Piaffieren auf, ein Mysterium für viele Reiter zu sein. Andernfalls führt es bei dem, welcher den effet d'ensemble mit harten, nicht gestreckten Beinen und mit Gewalteinsatz der Hände durchführt, zum Scheitern.

Kein Pferd ist perfekt dressiert, wenn es nicht die effets d'ensemble kennt. Aber man muß wissen, in welchem Ausbildungsgrad man sie dem Pferd vertraut machen muß. Bei bestimmten Pferden darf man sie erst fordern, wenn man fühlt, daß sie gut entspannt in Körper und Geist sind, mit dem fortwährenden Wunsch, vorwärts zu gehen; bei anderen sehr hitzigen und ablenkbaren Pferden, die immer dazu neigen, davon zu stürmen, wird es vorteilhafter sein, den effet d'ensemble recht bald anzuwenden. Aber auch da gibt es keine allgemein gültige Regel. Aufgrund seiner in der Praxis erlangten Kenntnisse und seiner Überlegung muß der Reiter entscheiden, in welchem Moment der effet d'ensemble einzusetzen ist.

Er ist ein wirksames Mittel, um Probleme hervorragend zu lösen. Ich erinnere mich, es ist gut 40 Jahre her, an eine Zeit, als man noch durch die Straßen von Lissabon reiten konnte, als man mich bat, ein Pferd daran zu gewöhnen, vorbeifahrende Fahrzeuge, Lastwagen und Trambahnen nicht mehr zu fürchten. Es gab dort eine kleine stille Straße, welche zu einer Hauptstraße führte. Nachdem das Pferd einmal an den effet d'ensemble gewöhnt war, begab ich mich alle Tage an diesen Platz vor der Hauptstraße, auf der der ganze Verkehr lief. Genügend aufmerksam für den effet d'ensemble, hat es sich innerhalb von zwei oder drei Wochen daran gewöhnt, seine Aufmerksamkeit nur noch dem Nahen des Sporns zu widmen. Dann begab ich mich auf die Hauptstraße, und jedesmal, wenn ich Unruhe oder Furcht spürte, machte ich halt mit dem effet d'ensemble. Immer mehr und ohne Kampf kam es in die Lage, egal wohin zu gehen. Es wurde dann von einer Dame im Seitsitz überall hin geritten.

Colonel Lagarde hat mir erzählt, daß er einige Jahre nach Nordafrika kommandiert war, wo Capitain Beudant sein Pferd Mabrouk im Rahmen eines Reiterfestes vorführen mußte, ehe die

Fantasia ablief. Die arabischen Reiter hatten sich im Zeitplan vertan und kamen in Carrière auf der Bahn an, wo Beudant sein Pferd in Hoher Schule tummelte. Beudant arretierte sein Pferd mit dem effet d'ensemble, und es wackelte nicht einmal mit dem Ohr. Nachdem die Araber vorbei waren, setzte er ein majestätisches Piaffé in vollkommener Kadenz fort. Das ist die Macht des effet d'ensemble. Heutzutage, in der Welt der sogenannten Dressur, verwandeln sich die Pferde der Champions in völlig undressierte Tiere, kaum sind sie aus dem Rechteck heraus und Geräuschen oder anderen Pferden ausgesetzt.

KAPITEL

VII

DIE ÜBUNG DER ATTACKEN

• *„Das Pferd wird größer in seiner Versammlung …“* •

DIE ÜBUNG DER ATTACKEN

Dieses Kapitel gilt einzig der Aufmerksamkeit von Reitern, welche einen perfekten Sitz und eine weise Hand sowie lange Erfahrung haben. Dank dieser Übung sichert man die Ausbildung eines Pferdes, verleiht ihm Ausstrahlung, Übungsbereitschaft, Fähigkeit, alle Wünsche des Reiters zu erfüllen. Will man aber die Übung der Spornattacken anwenden ehe das Pferd bereits einen gewissen Grad an Versammlung erreicht hat, ehe es leicht, gerade, kadenziert ist und den effet d'ensemble gut kennt, wird man nur Unordnung, Aufregung, ungewolltes Stocken, Lançaden oder Durchgehen erreichen. Kommen Sie aber im Gegenteil dank einer methodischen und brauchbaren Ausbildung zur Anwendung der Spornattacken, werden Sie nun schnell mit den Sporen kneifen, und das Pferd baut sich in seiner Versammlung auf, wird energischer und majestätischer, scheint den Boden fast nicht zu berühren. Durch einen effet d'ensemble halten Sie dann in vollkommener Ruhe an und können erneut beginnen. Ein Pferd, das in den Attacken unterrichtet ist, hat auf diese Weise eine Energie erreicht, welche ihm erlaubt, wie es Beudant ausdrückte, „alle Brillanz, welche ihm innewohnt, zu liefern"; in den klassischen Übungen wird es einem echten Tänzer gleichen. Jenes aber, welches die gleichen Übungen durchführt, während es auf den Zügeln hängt und fortwährend Hilfen erhält, ähnelt einem bedauernswerten Unglücklichen. Vergleichen Sie zwei Pferde in Passage oder Piaffe, das eine am hängenden Zügel mit entspanntem Kiefer, das andere mit einem klopfenden und ziehenden Reiter, wie man es heute so häufig sieht, haben Sie hier die Anmut und dort die Ungestalt.

KAPITEL

VIII

DIE ENTWICKLUNG DER NATÜRLICHEN GANGARTEN

• *„Spanischer Schritt dient der Schultergymnastik …"* •

DIE ENTWICKLUNG DER NATÜRLICHEN GANGARTEN

Wieder ein Gegenstand, bei dem man kein System anwenden kann. Einige Pferde kommen mit derart räumigen Bewegungen zur Welt, mit einer so natürlichen Kadenz und einem so guten Gleichgewicht, daß sie gleich zu Anfang ihrer Ausbildung unter dem Reitergewicht ihre Gänge und ihr Gleichgewicht erhalten. Andere haben auch recht gedehnte Bewegungsabläufe, aber kein gutes Gleichgewicht: Unter dem Reiter beginnen sie, sich auf die Zügel zu legen und das Gewicht nach vorne zu verlagern. Andere wieder richten sich aufgrund ihres Körperbaues zu sehr auf, verlagern das Gewicht nach hinten und gehen nicht ausreichend vorwärts. Wieder anderen schließlich sind sehr schnelle und stoßende Gangarten zu eigen, und sie halten die Schultern verspannt. In all diesen Fällen muß man zunächst erkennen, wie der Rücken unter dem Reitergewicht funktioniert, und versuchen, zu Beginn der Arbeit herauszufinden, welche Haltung und welcher Rhythmus anzunehmen ist. Bei den einen ist es nötig, in gestreckteren Gangarten zu arbeiten, um in einem besseren Gleichgewicht zu bleiben, andere benötigen abgekürztere Bewegungen, die man nach und nach, je nachdem, wie sie sich kadenzieren, verstärkt. Bei wieder anderen schließlich bedarf es einer ausgedehnten Schrittarbeit, um eine Ausgeglichenheit in dieser Gangart zu erreichen, ein Gleichgewicht, welches man dann in Trab und Galopp mit hinübernehmen kann.

Was ich verurteile, ist, daß man, um die Gangarten zu entwickeln, über Widerstände arbeitet, indem man das Pferd daran gewöhnt, sich auf die Hand zu legen. Die Seitwärtsbiegungen in den geschlossenen Figuren und der Übergang von einer Figur zur anderen bringen die Pferde dazu, sich gleichzugewichten. Sind sie im Gleichgewicht, kann man sie dann ihre Gangarten bis zum Maximum ihrer Möglichkeiten entwickeln lassen.

Der unzutreffend sogenannte „Spanische" Schritt, den man „Schritt im Verharren" nennen sollte, hat seine Bedeutung als Schultergymnastik. Ich verstehe nicht, warum die Fédération Equestre Internationale ihn „Phantasiegangart" und nicht „klassisch" nennt. Schauen Sie doch, wieviel Pferde auf den Koppeln der ganzen Welt von Natur aus den Schritt in Verharrung durchführen...

Die Geste entwickelt sich im Gleichgewicht mit einem Rücken, der das Reitergewicht gut trägt und der das Bindeglied zwischen Hinter- und Vorhand ist. Heutzutage mißbraucht man einen Trab, genannt „Arbeitstrab". Es gibt unterschiedliche Abstufungen von Trab, welche diesem oder jenem

Pferd bekommen, auch während diesem oder jenem Abschnitt der Ausbildung. Es ist Sache des Reiters, der sein Pferd kennt, daß er die guten und schlechten Bewegungsabläufe seines Pferdes wahrnimmt und sie zu erhalten oder umzuformen weiß, daß er entscheidet, wie und in welcher Gangart gymnastiziert werden muß. Das Endergebnis mag für Reiter und Pferd brauchbar sein, jedoch nicht immer für die Richterschaft oder den Zuschauer auf einem Stuhl. Ein dressiertes Pferd zu haben heißt nicht nur, Bewegungsabläufe zu sammeln oder gestreckte Gangarten zu besitzen, vor allen Dingen bedeutet es, ein gleichgewichtetes, glückliches Pferd zu haben ohne Widersetzlichkeit.

KAPITEL

IX

DIE SCHLAUFZÜGEL

• *„Wenn man sie mit Maß und Zartgefühl einsetzt, können sie bei der Ausbildung eine große Hilfe sein ...“* •

DIE SCHLAUFZÜGEL

Unzutreffenderweise „deutsche Zügel" genannt, können die Schlaufzügel hervorragende Ergebnisse bei bestimmten Pferden erreichen, wenn man sie nicht in ihrem Einsatz übertreibt, wenn man das Pferd nicht gegen sie kämpfen läßt und sie nicht jeden Tag systematisch einsetzt.

Die größte Torheit, die es gibt, ist es, einzuwirken und zu vergessen, nachzugeben, wenn das Pferd die gewünschte Haltung erreicht hat. Es gewöhnt sich nun daran, Kräfte gegen die Schlaufzügel und ihre Zwangswirkung einzusetzen und entwickelt umgekehrt einen Unterhals. Setzt man diese Zügel jedoch nur zuweilen ein bei Pferden, welche dazu neigen, den Hals zu hoch zu halten oder bei Übergängen von einer Gangart zur anderen ihre Haltung zu verlieren, können sie unter der Bedingung, daß sie mit Maßen und Zartgefühl eingesetzt werden, eine große Hilfe in der Dressur sein, wenn man nicht vergißt, unmittelbar nach dem erhaltenen Resultat nachzugeben. Auch hier wieder: Keinerlei Systematik. Bei bestimmten Pferden können Schlaufzügel sehr schädlich sein, und es ist Sache des Reiters, die Nützlichkeit ihres Einsatzes zu beurteilen.

Sie dürfen den Kopf nicht nach hinten bringen, sondern müssen das Genick daran hindern, sich zu heben. Im ersteren Fall versteifen sie den Rücken, im zweiten Fall, und wenn sie unmittelbar nachgeben, hindern sie den Rücken daran. Man darf nicht vergessen, daß die Alten diese Zügel schon benutzten, um die Haltung des Pferdes zu bewahren ehe sie völlig gefestigt war. Vorzugsweise ließen sie die Zügel über den Kappzaum laufen. Während der späteren Ausbildung des Pferdes können sie vorübergehend für einige Bewegungen eingesetzt werden, in welchen es darum geht, daß das Pferd seine Haltung bewahrt. Wie aber schon gesagt, darf man sie nur kurz einsetzen mit dem fortwährenden Bestreben, unmittelbar nach dem erhaltenen Ergebnis nachzugeben. Die reinen Theoretiker, die nicht in der Lage sind, irgendein Pferd auszubilden, neigen dazu, ihren Einsatz zu verdammen. In den Händen eines zartfühlenden Menschen kann ein Messer das Fleisch in feine Scheiben zerlegen, verheerend kann es sein in den Händen eines Tölpels...

Beachte: Die Schlaufzügel können zwischen den Vorderbeinen oder am seitlichen Gurt befestigt werden.

KAPITEL

X

LONGENAUSBILDUNG

• *„Das Ausbinden der deutschen Kavallerie scheint mir weitaus besser als ein einziges Paar festgeschnallter Zügel …"* •

LONGENAUSBILDUNG

Im Anhang der dritten Ausgabe meines Buches „Gedanken über die Reitkunst“ habe ich auch ein wenig über Longenarbeit gesprochen. Auf folgenden Punkt bin ich besonders eingegangen: Bedient sich der Reiter der Longe, um sein Pferd zu entspannen oder ihm Stellung zu geben, muß er es selbst tun und darf es keinem anderen überlassen. Dann aufgesessen, wird das Pferd dadurch beeinflußt, was man vorher während der Longenzeit beobachtet hat: Rückenhaltung, Halsstellung, Rhythmus und seelischer Zustand.

Es gibt Pferde, die, wenn ausgebunden longiert, dazu neigen, den Kopf zu tief, andere, ihn zu hoch zu tragen. Anfangs muß man es vermeiden, die Zügel zu sehr zu verkürzen, das Pferd nimmt sonst eine Kopfhaltung ein, die in keiner Übereinstimmung mit seinem übrigen Körper steht. Auf diese Weise schadet man dem Rücken und hindert die Nierenpartie an ihrer Funktion. Das bei der deutschen Kavallerie übliche Ausbinden scheint mir bedeutend besser als ein einziges Paar fester Zügel. Mit zwei Zügelpaaren, je eines seitlich, das andere durch Ringe laufend und in Widerristgegend festgemacht, vermeidet man, daß das Pferd eine zu eingezwängte Haltung einnimmt, zu sehr hinter die Senkrechte kommt. Um das richtig regeln zu kön-

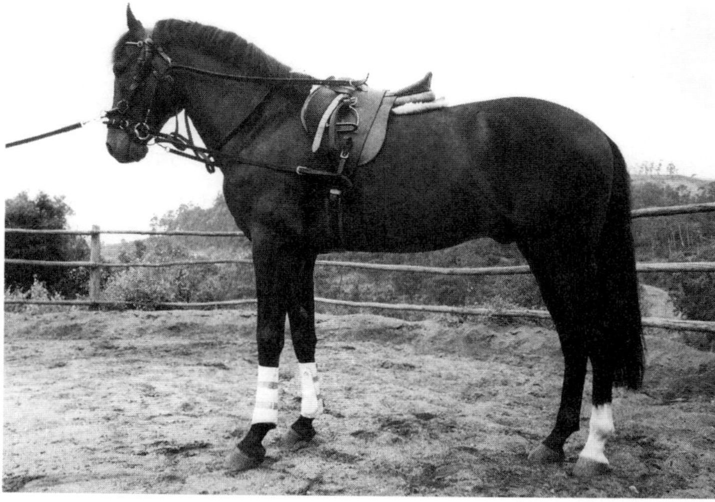

• „Man vermeide ein zu enggestelltes Pferd, zu sehr hinter der Senkrechten …“ •

• *„Um zu regulieren, muß man das Gesamt des Pferdes in Bewegung beobachten ...“* •

• *„Man darf nie vergessen, daß die Longe das Äquivalent der Zügel, die Peitsche jenes der Beine ist …“* •

• *„Ich empfehle das Longieren mit dem Spanischen Reiter"* •

nen, darf man nicht mehr nur auf Kopf und Hals, sondern muß auch auf den übrigen Körper des Pferdes achten. Später, wenn das Pferd sich mehr und mehr rundet und sich selbst trägt, kann man vielleicht die beiden Zügel leicht kürzen und zugleich den unteren Innenzügel ein oder zwei Loch mehr, um ein wenig Biegung zu verleihen.

Bei Pferden, die dazu neigen, sich zu sehr auf die feststehenden Zügel zu legen, rate ich, beim Longieren den „Spanischen Reiter" zu benutzen, und zwar mit Metallfedern an den Armen, um das Nachgeben zu erleichtern.

Bestimmte Pferde brauchen längere Longenarbeit mit Ausbindung. Bei anderen, welche die gewünschte Stellung eingenommen haben und sie ohne Schwierigkeit bewahren, sehe ich keinen Nutzen in fortgesetzter ausgebundener Arbeit; man muß sie nur longieren, wenn man sie entspannen möchte. Beim Longieren eines Pferdes darf man nicht vergessen, daß die Longe das Äquivalent der Zügel und die Bahnpeitsche jenes der Beine ist.*

Der verlangte Zirkel muß geometrisch einwandfrei sein. Wenn Sie vergessen, das Treiben der Bahnpeitsche mit der elastischen Longenspannung in Übereinstimmung zu bringen und das Pferd auf einem korrekten Zirkel zu halten, wenn Sie es nach innen drängen lassen, sind Sie dabei, eine schlechte Lektion zu erteilen. Das Pferd muß es verstehen, geradeaus zwischen jedem der drei Zirkel, welche man in einem Rechteck beschreibt, zu gehen. Und wenn man an der Longe ausbildet, heißt es, häufig den Zirkel zu wechseln. Auch hier, bei der Longenarbeit mit Ausbindern, ist es sehr wichtig, häufig in den Schritt zurückzugehen, das Pferd sich kadenzieren zu lassen, sich in Haltung zu bringen und zu lockern, ehe man eine etwas gestrecktere Gangart von neuem aufnimmt. Sehr wichtig ist auch das Anhalten: Es muß mit der Bahnpeitsche eingeleitet werden, die sich vorsichtig von hinten zeigt, ebenso durch kleine Longenvibrationen und Stimmenhilfe. Vergessen Sie nicht, daß, wenn Sie das Pferd den Kappzaum auf seiner Nase spüren lassen wollen, ein gutes Ergebnis nicht durch Ziehen an der Longe erreicht wird, sondern durch leichtes Lockern derselben, um damit vibrieren zu können. Die Gesten der Gertenhand müssen klar und bemessen sein, damit das Pferd sich nach und nach ohne Furcht an ihren Anblick gewöhnt.

Bei einem passend ausgebundenen Pferd ist Longenarbeit in guter Kadenz eine kostbare Hilfe und kann außerordentlich wohltuend sein. Unordentlich und schlecht geleitet kann sie zuweilen unheilvolle Folgen für das gesamte weitere Leben des Pferdes haben.

* (Anm. d. Übers.: Im Originaltext heißt die Bahnpeitsche chambrière, und darunter ist im klassischen Sinne eine nicht zu lange Peitsche zu verstehen. Wenn man beispielsweise die Abbildung in dem Buch von Guérinière betrachtet, wird man feststellen, daß der Peitschenstiel etwa 2/3 der Körpergröße des Menschen mißt, die Schnur eher eine lange Lasche ist, 1/3 länger als der Stiel. Ein solches Instrument ist noch genügend präzise, gezielt und schnell zu dirigieren.)

(Zeichnung von Jean-Louis Sauvat)

• *„Mit zwei Zügelpaaren, je eines seitlich und eines durch feste Ringe am Widerrist laufend, vermeidet man eine zu enge Stellung des Pferdes, zu sehr hinter der Senkrechten"* •

• Budjonnyhengst Bunker (Kreuzung von engl. Vollblut mit dem Don-Pferd) in versammeltem Rechtsgalopp •

• „Bei den meisten Reitern sehe ich die Beine ans Pferd geklebt, den Unterschenkel immer untadelig gestreckt, die Sporen immer zu hoch, und sie sind sich nicht bewußt, wann sie Kontakt aufnehmen und wann nicht. Zweifelsohne kann man mit solchen Beinen kein feines Einwirken bewerkstelligen, weder direkt an den Flanken noch durch Vermittlung über die Zügel.“ •

• Xis • Lusitanoschimmel in Piaffe •

• *„Ein Pferd, welches in den Pilaren ohne Verspannung, ohne an den Strängen rück- oder vorwärts zu ziehen piaffiert, vorbereitet und entwickelt sein Gleichgewicht für versammelte Gangarten."* •

• Bunker • Budjonny-Hengst in Traversale •

• *„Beim Einüben der Seitwärtsschritte muß man das Pferd bei einem Schritt berühren, beim nächsten freigeben und dem Pferd das Überkreuzen ohne Überstürzung vermitteln"* •

• Ousado • Lusitanohengst in Trabverstärkung •

• *„Erst wenn sie gleichgewichtet sind, kann man sie die Gangarten bis zum Maximum ihrer Möglichkeiten entwickeln lassen.“* •

• Bunker • Budjonnyhengst in der Passage •

• *„Wenn Leichtheit verloren, Kadenz zerbrochen, geschieht solches, weil der Reiter anstatt mit seinem Pferde zu verschmelzen, um jeden Preis den Zuschauern gefallen will und sein Pferd unglücklicherweise dadurch in eine Fußstütze verwandelt."* •

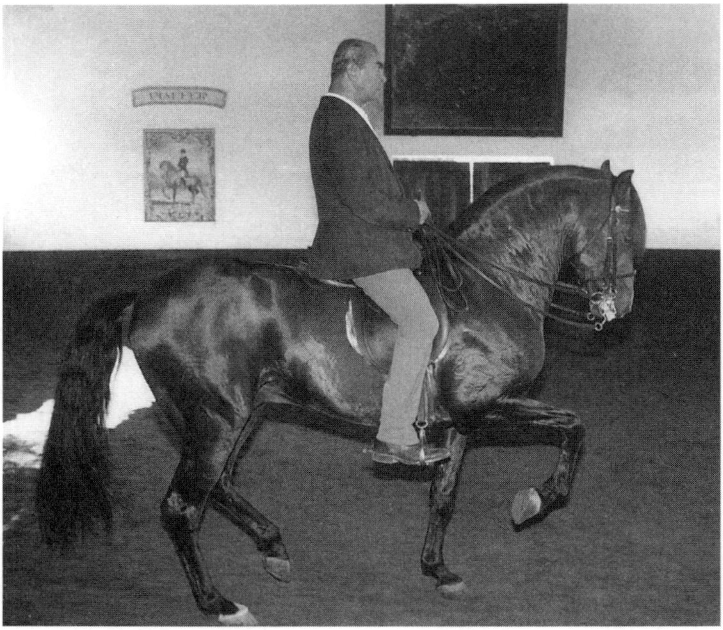

• Soante • Lusitanohengst in der Piaffe •

• *„In allen Künsten heißt es, die Technik in allen ihren Einzelheiten zu erlernen. Danach vervollkommnet der Künstler sein Werk durch Verfeinerung dieser Technik dank der Liebe."* •

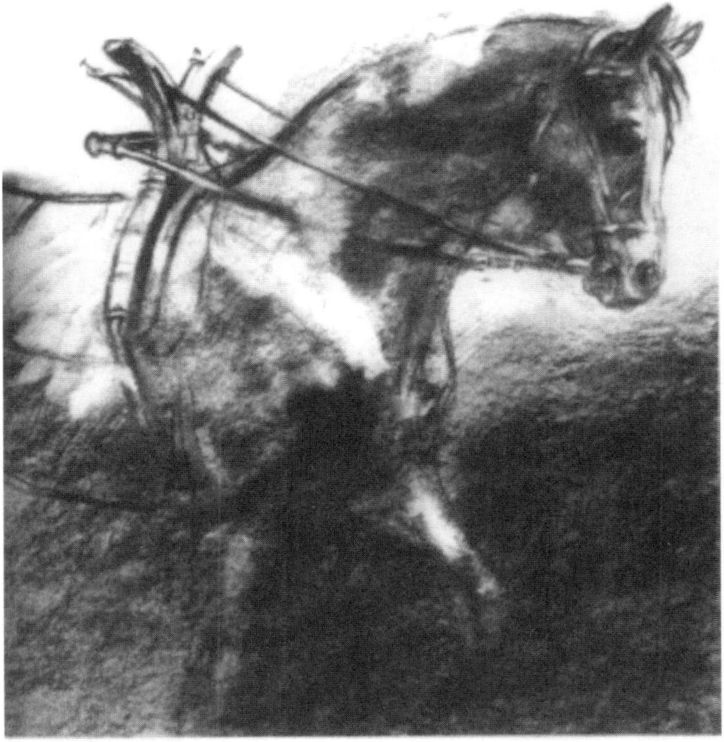

(Zeichnung von Jean-Louis Sauvant)

• *„Für Pferde, welche dazu neigen, sich zu sehr auf die Ausbinder zu legen, empfehle ich, beim Longieren einen 'Spanischen Reiter' mit Metallfedern zu benutzen, welche das Nachgeben erleichtern."* •

K A P I T E L

XI

AUSBILDUNG IN DEN PILAREN

• *„Ein Pferd, welches in den Pilaren ohne Verspannung piaffiert …"* •

AUSBILDUNG IN DEN PILAREN

Wohlverstanden, in der heutigen Reiterei kann man gut auf Pilaren verzichten. Aber man darf nicht vergessen, was die Alten sagten: „Die Pilaren verleihen den Pferden Geist." Sie können ein exzellentes Mittel sein, das Pferd beim Piaffieren zu unterstützen (nachdem es bereits außerhalb der Pilaren solches gelernt hat). Das Pferd, welches ohne Sattel und Zaum allein zwischen den Pilaren piaffieren kann, wird zunehmend runder und entwickelt seine Muskulatur im richtigen Sinne.

Ganz und gar nicht einverstanden bin ich mit dem Prinzip der Pilarenarbeit mit festen Zügeln. Es ist mit zu viel Zwang verbunden. Und das Pferd, welches ohne Zwang in den Pilaren piaffiert, ohne rückwärts zu streben oder ohne an den Strängen zu ziehen, bereitet sein Gleichgewicht vor und entwickelt es in den versammelten Bewegungen. Folgendermaßen fängt man damit an, ein Pferd in die Pilaren zu stellen: Ein Gehilfe hält das Pferd an fester Longe mit Kappzaum, und ehe es eingehängt wird, muß man es zwei- oder dreimal durch die Pilaren gehen lassen. Wenn es ruhig und geradeaus hindurchgeht, macht man die Stränge fest, deren Länge es den Schultern des Pferdes erlaubt,

• *„... vorbereitet und entwickelt sein Gleichgewicht für versammelte Gangarten"* •

• *„Arrêt stets mit der Peitschenschnur auf der Nierenpartie"* •

ein weniges vor den Pilaren sich zu halten. Der Gehilfe hält Leckerbissen bereit, um sie dem Pferd auf Verlangen zu geben. Der Ausbilder nimmt zwei lange Gerten, nähert sich dem Pferd, tut ihm schön, zeigt ihm eine der Gerten und läßt sie sachte über Kopf, Hals, Kruppe, Sprung- und hintere Fesselgelenke gleiten. Ein Pferd, welches die Arbeit an der Hand schon kennt, wird nicht erschrecken. Alsdann mit Leckerbissen belohnen. Danach stellt sich der Ausbilder hinter das Pferd, in jeder Hand eine Gerte, gleich weit von den Flanken entfernt. Mit der Longe hindert der Gehilfe das Pferd daran, sich rückwärts zu bewegen oder den Kopf seitwärts zu drehen. Nach Vorbild der Alten beginnt der Ausbilder, die Hinterhand sich nach links und rechts bewegen zu lassen mit Unterstützung der Stimme: „Adeli, Adela." Hat das Pferd diese Übung verstanden, wiederholt man sie ein- oder mehrmals, bis es sie gelassen ausführt, ohne rückwärts zu streben oder an den Strängen zu ziehen. Dann versucht man das gleiche, ohne daß der Gehilfe die Longe hält. Das dritte oder vierte Mal, wenn man das Pferd in die Pilaren einstellt, hält der Gehilfe die am Kappzaum befestigte Longe, der Ausbilder nimmt in die eine Hand eine Gerte, in die andere eine Chambrière, die er pfeifen oder knallen läßt. Dann wird er, während er die Gegenseite mit der Gerte in Gegend der Hinterbacke hält, mit der

Bahnpeitsche auf der anderen Seite vorsichtig knallen und sie dabei ein wenig vom Pferde weghalten. Wenn das Pferd sich ein wenig bewegt hat, ohne seitwärts zu gehen, läßt der Ausbilder es mit der Stimme stillstehen, die Peitschenschnur auf der Nierenpartie. Der Longenhalter belohnt das Pferd mit einem Leckerbissen. Das ganze wird dann dreimal wiederholt, danach dasselbe auf der anderen Seite. Wenn das Pferd beginnt, sich leicht zu bewegen, entfernt sich der Ausbilder etwas nach hinten, nimmt von neuem die beiden Gerten und läßt sie abwechselnd leicht auf den Boden klatschen in gleicher Kadenz mit dem Niedersetzen und Heben der Diagonalen. Nach erhaltenem Resultat liebkosen und belohnen. Der Longenhalter hindert das Pferd am Rückwärtsgehen, am Seitwärtsführen des Kopfes oder daran, zu stark an den Strängen zu ziehen, indem er vorsichtige Vibrationen anwendet.

Wenn das Pferd annehmbar piaffiert, nimmt man die Longe weg und beginnt die gleiche Arbeit von neuem. Man muß häufig loben und belohnen und genügend lange Ruhepausen einlegen. Nach und nach verlangt man mehr Präzision. Wenn das Pferd sehr gut piaffiert, ruhig, ohne an den Strängen zu ziehen oder rückwärts zu streben, hinter sich die zwei Gerten, nimmt der Ausbilder wieder die Bahnpeitsche, läßt sie nach und nach immer etwas weiter weg vom Pferd knallen, um

Gangeifer und Energie zu vermehren. Angehalten wird stets mit der Schnur auf dem Rücken; dabei setzt die Stimme ein, während die Schnur sich nähert, um das Pferd vertraut zu machen und zu beruhigen. Sinn dieser Arbeit ist der: Wenn der Ausbilder sich mit der Bahnpeitsche dem Pferd nähert, soll arretiert werden; später, wenn er sich mit beiden Peitschen nähert, wird er Einsatz und Untersetzen der Hinterhand, sei es auf der Hinterbacke, sei es an den hinteren Fesselköpfen, sei es vorsichtig am Schweif oder oben auf der Kruppe korrigieren können. Um das Anheben der Vorderbeine zu verbessern, ist es vorteilhafter, anstatt die Brust zu touchieren, mit der Gerte kleine Berührungen am Widerrist zu machen.

Zum Ende einer jeden Lektion lasse man das Pferd durch die Pilaren vor- und zurückgehen, vollkommen ruhig und gelassen. Im Laufe der verschiedenen Ausbildungsphasen kann man das Pferd natürlich mehr oder weniger tief berühren. Es ist Sache des Ausbilders festzustellen, zu überlegen und zu sehen, was am besten gelingt.

KAPITEL

XII

DIE ARBEIT AN DEN LANGEN ZÜGELN

• *„Man muß die Durchlaufringe benutzen und es verstehen, sie richtig zu plazieren."* •

DIE ARBEIT AN DEN LANGEN ZÜGELN

Die Arbeit an den langen Zügeln kann eine kostbare Hilfe bei der Ausbildung des Pferdes sein, wenn sie mit Geschick durchgeführt wird, die Kadenz, in der man arbeitet, gut bewahrt und man das Pferd sich nicht zu sehr auf die Zügel legen läßt. Ich spreche nicht von der Vorstellung eines fertigen Pferdes an langen Zügeln. Dafür bildet man zunächst ein Pferd aus, und wenn es fertig ist, kann man es die Bewegungen, die ihm schon bekannt sind, an den langen Zügeln ausführen lassen: Das ist ein Schauspiel, welches sehr schön sein kann. In der Hohen Schule müssen diese Vorführungen mit Zügeln gemacht werden, die von dem Pferdemaul in die Reiterhand gehen, ohne durch Ringe zu laufen, der Reiter muß ganz nahe am Pferd sein.

Bei der Arbeit an langen Zügeln, wie sie als Hilfe zur Ausbildung ins Auge gefaßt werden, muß man Ringe benutzen und wissen, wo diese anzubringen sind, entsprechend, wie hoch man das Pferd einstellen will. Die Zügel müssen umrahmende Wirkung haben und der Reiter weiter weg vom Pferd sein. Für junge Pferde bewährt sich hervorragend die Arbeit an langen Zügeln auf gerader

Mittellinie und auf geometrischen Zirkeln ebenso wie das korrekte Arretieren. Bei sehr fortgeschrittenen Pferden kann das Passagieren- oder Piaffierenlassen an langen Zügeln ohne Reitergewicht sehr wohltuend sein. Fortwährend muß man beachten, daß das Pferd sich nicht auf die langen Zügel legt. Wenn man ein Pferd piaffieren oder passagieren läßt, das sich auf die Zügel legt, gewöhnt es sich daran, beim Piaffieren das Gewicht auf die Vorhand zu legen und die Hinterhand hinter die Vertikale zu bringen; und beim Passagieren bleibt die Hinterhand, statt sich einzusetzen, hinter einer Vertikalen, die vom Hüft- zum Sprunggelenk reicht. Bleibt aber im Gegensatz dazu das Pferd an den Zügeln locker beim Ausführen dieser Bewegung ohne Reitergewicht, kann es sie harmonisch entwickeln.

Obwohl ganz allgemein die Arbeit an den langen Zügeln eine hervorragende Übung ist, gibt es Pferde, bei denen es besser ist, so nicht vorzugehen, und es ist des Reiters Sache, sich darüber klar zu werden. Bei bestimmten extrem empfindsamen Pferden mit Nerven auf der Haut glaube ich, sollte man zur Ausbildung an langen Zügeln nicht raten.

K A P I T E L

XIII

DAS MAUL DES PFERDES: DER KIEFER, DIE ZUNGE

• „An der Kandare vermindert sich eventuell die Anlehnung …“ •

DAS MAUL DES PFERDES: DER KIEFER, DIE ZUNGE

Das Maul ist eines der empfindlichsten Teile des Pferdekörpers. Der moderne Reiter nimmt an, daß ein Pferd auszubilden heißt, seine Hinterhand zu engagieren, damit das Maul angenehm wird. Wohlgemerkt ist das Engagieren und Aktivieren dieser Hinterhand eine vernünftige und geeignete Gymnastik, aber gleichzeitig muß man sich dem widmen, was im Maul passiert: seinen Spalt und seine Breite beachten, die Dicke der Laden, um das passende Mundstück zu finden. Die augenblickliche Mode besteht darin, vor jeglicher Beachtung des Maules ein hannoversches Halfter aufzusetzen, was ein Irrtum ist. Wie beim Menschen, gibt es auch mehr oder weniger geschwätzige Pferde, andere wiederum sind stumm. Man muß sich darüber klar sein, wie lange man ein Pferd geschwätzig lassen soll, damit es sich dank der Kadenz und Schwungkraft ruhig den verschiedenen Anforderungen hingibt und zunehmend stiller wird. Wenn man das zu schnell verhindern will, kann man den hannoverschen Kinnriemen enger schnallen, und was passiert dann? Das Pferd verspannt sich in seinem ganzen Kopf, die Ohrspeicheldrüsen können nicht aus ihrem Ganaschenwinkel gleiten, die Halsmuskeln werden steif, und im Zusammenhang damit versteifen sich alle anderen Muskeln. In Unkenntnis dessen sagen die meisten Reiter: „Nun ja, er ist verspannt!“ Im Gegenteil, wenn man stumm arbeitet, erreicht man dasselbe Resultat, da ein stummes Pferd (Anm. d. Übers.: „totes Maul“) ein verspanntes Pferd ist. Es bedarf also durchdachter und wohl ausgesuchter Übungen, um seinen Kiefer zu entspannen. In der Kandare kann das mit sehr feinen Abstufungen von Anlehnung geschehen oder mit wohl abgestuften Biegungen vom Boden aus. Für den erfahrenen Reiter hat in diesem Fall der Sporn viel zu sagen, aber nur für den erfahrenen Reiter. Wenn das Pferd mit seinem Gewicht auf der Hinterhand versammelt ist, muß es sein Gebiß bei einer leichten Aufforderung des Reiters bespeicheln. Will man raumgreifendere Aktionen, die weniger gesetzt sind, muß sein Maul liebenswert bleiben, aber weniger beweglich. In den Fällen des zugesperrten Maules haben viele Reiter beim Piaffieren und bei den Pirouetten Schwierigkeiten. Das in seinem Kiefer verspannte Pferd kann sehr wohl dennoch sein Gewicht auf die Hinterhand verlagern, aber mit Gewalt, gewissermaßen seine Hinterhand erdrücken ohne die Möglichkeit, sie zu biegen wie es ihm möglich wäre, wenn es im Kiefer locker ist. Man vergesse nicht das Zusammenspiel, welches zwischen sämtlichen Muskeln des Pferdes abläuft.

Muß man lange mit Trense arbeiten oder schnell die Kandare auflegen? Das ist eine Frage, welche von vielen Reitern gestellt wird. Auch da gibt es keine Regel. Bestimmte Pferde erreichen den Höhepunkt ihrer Dressur an der einfachen Trense. Andere brauchen mehr oder weniger bald die Kandare. Eine Trense kann ein sehr hartes Gebiß sein, wenn das Pferd sich dagegen wehrt, und eine Kandare in erfahrener Hand ein zartes Mundstück, dem das Pferd in seiner Bewegung nachgibt. Es ist Sache des Reiters, nachzudenken, zu beobachten und auszuwählen. Eine unerfahrene, aber nur gute Hand täuscht sich oft bei Signalen falscher Leichtheit auf einer Zunge, die nicht ruhig an ihrem Platz verharrt, die zurückgezogen wird, sich aufrollt oder sich über die Trense legt. In den meisten Fällen kann Überlegtheit bei den Anforderungen, gute Auswahl der Übungen und eine erfahrene Hand das Problem lösen. Bei bestimmten Pferden aber, bei denen diese Zungenbewegungen zu einem Tick werden, hängt die Wahl davon ab, ob die Zunge eher über die Trense oder über die Kandare bewegt wird. Wenn das Pferd dabei das Maul weit öffnet, wird der engere hannoversche Nasenriemen nützlich sein, aber nur bis das Pferd im Maul ruhig wird, dann wird man wieder zu normaler Zäumung zurückkehren.

Das ist es, was mich mehr als 50 Jahre der Beobachtung und des Studiums des Pferderückens gelehrt haben. Dressur heißt nicht nur, ein Pferd mit gut gestelltem Kopf Bewegungen je nach Verlangen des Reiters durchführen zu lassen, sondern auch, einen geschmeidigen Körper zu erhalten, der uns, gleich bei welcher Anstrengung des Pferdes, angenehme Empfindungen vermittelt. Und vergessen Sie vor allem nicht, daß, wie auch sein ganzes Gehirn, das Maul des Pferdes zu seinem Kopf gehört.

K A P I T E L

XIV

KOSTBARE ÜBUNGEN DER ALTEN, UM DAS GLEICHGEWICHT ZU VERBESSERN

• *„Ein Pferd, welches beim Rückwärtsgehen seine Leichtheit zu bewahren weiß und ultraleichte Zügeleinwirkungen“* •

KOSTBARE ÜBUNGEN DER ALTEN, UM DAS GLEICHGEWICHT ZU VERBESSERN

Zwei jener Übungen werde ich beschreiben, welche die Alten zur Verbesserung von Versammlung und Gleichgewicht anwendeten: Gedränge rückwärts und Passade.

Gedränge rückwärts: Ein Pferd, welches beim Rückwärtsgehen seine Leichtheit zu bewahren weiß mit geschmeidigem Kiefer bei ultraleichten Zügeleinwirkungen, kann das Rückwärtsrichten länger durchführen und je nach Beinhilfe des Reiters auf den Zirkel gehen, die Richtung wechseln, Schlangenlinien machen, ohne weder Kadenz noch Leichtheit zu verlieren. Diese Übung hat den Vorteil, die Einsatzfreude zu vermehren, indem es die Nierenpartie in Funktion setzt; wenn man wieder vorwärtsgeht, ist das Gleichgewicht perfekt. Vergessen Sie nicht, was Baucher vom längeren Rückwärtsrichten gesagt hat. Vor allem der Galopp ist nach einer guten Rückwärtsfolge sehr gesetzt und leicht mit eifrigen Hanken. Wie aber schon vorher gesagt, ist diese Übung nur mit sehr leichten Zügeln und einem geschmeidigen Kiefer von Nutzen. Wenn das Rückwärtsrichten durch Zügelanzug hervorgerufen wird, wird der ganze Rücken angespannt sein anstatt daß die Nierenpartie zum Einsatz kommt.

Ebenso hervorragend für die Verbesserung des Gleichgewichtes ist die Passade: Sie kann auf zweierlei Art durchgeführt werden, mit und ohne Fußwechsel. Ein Pferd, das in seinem Galopp schon gut kadenziert und sehr leicht ist, geht an der langen Seite im Außengalopp. Etwa Mitte der langen Seite wird der Reiter durch Einsatz seiner Beine das Pferd ein wenig nach innen führen und dann schnell ohne jeglichen Einsatz der Hand gegen die Mauer wenden. Das Pferd stützt sich auf sein inneres Hinterbein und nimmt auf der langen Seite wieder seinen versammelten Galopp in Ruhe auf, aber noch gesetzter und energischer. Diese Übung hat den Vorteil, den versammelten Galopp kraftvoller zu machen, die Gewichtsverlagerung nach hinten zu bewahren bei völliger Freiheit der Schultern. Für Pferde mit steppender und zu rasanter Vorhandaktion ist diese Übung zu empfehlen.

Für die Passade mit Fußwechsel nehmen Sie die lange Seite im Innengalopp, führen das Pferd von der Wand nicht weiter weg als seine eigene Länge ausmacht, wenden es nur mit den Beinen ohne Hilfe der Hände gegen die Wand im Fußwechsel. Ich finde, daß diese Form der Passade weniger nützlich für die Verbesserung des Galopps ist, es ist dies eine Übung, die dem fertigen Pferd vorbehalten ist, während es ohne Fußwechsel eine hervorragende Übung ist.

K A P I T E L

XV

DER FÜR DIE ARBEIT PASSENDE GRAD DER BEIZÄUMUNG

• *„Es obliegt dem Reiter, zu beobachten, in welcher Position sich das Pferd am leichtesten tut“* •

DER FÜR DIE ARBEIT PASSENDE GRAD DER BEIZÄUMUNG

Der Theoretiker sagt Ihnen: „Das Genick muß der höchste Punkt sein.“ Mit Beendigung der Ausbildung ist das sicher richtig bei einem runden, geradegerichteten Pferd, dessen Körper insgesamt harmonisch bleibt. Während der Ausbildung aber ist es Sache des Reiters, zu beobachten, wie Rücken und Lendenpartie funktionieren und in welcher Haltung das Pferd sich am wohlsten fühlt. Die Senkrechte des Kopfes ist nicht obligatorisch. Er kann etwas dies- oder jenseits der Vertikalen sein. Bei bestimmten Pferden, welche zum Hohlkreuz neigen, indem sie einen Schwanenhals machen, führt angemessene und maßvolle Gymnastik mit dem Kopf hinter der Senkrechten dazu, daß das Pferd sich wölbt, die Kopfstellung sich, anstelle zu hoch zu werden, normalisiert. Bei anderen Pferden mit der Neigung, sich hinter die Senkrechte zu stellen, heißt es, ein wenig jenseits dieser Vertikalen zu gymnastizieren. Nötig ist, daß das Genick sich rundet. Ich wage es fast nicht, den Reitern unserer Zeit etwas vom extremen Beizäumen zu sagen, bei dem das Pferd durch die Aktion des effet d'ensemble dazu kommt, den

Unterkiefer gegen den Bug zu bringen und dabei ein charakteristisches Knacken hören zu lassen. Ich habe es häufig bei Pferden angewendet, die es nötig hatten. Das ist kein System, es ist ein Mittel, das in den Händen eines wirklichen Reiters bestimmte Probleme lösen kann. Beudant hat von diesem extremen Beizäumen gesprochen.

KAPITEL

XVI

DIE ZÜGELHALTUNG

• „*Auf ausgebildetem Pferd faßten die Ecuyers die Zügel mit der Linken, mit der Rechten die aufgestellte Gerte als Zierde ihres eigenen Überflusses.*" •

DIE ZÜGELHALTUNG

Seit Beginn dieses Jahrhunderts hat die Fédération Équestre Internationale die geteilte Zügelführung als klassisch für die Dressurprüfungen eingeführt. Früher war das die Zügelführung für junge Pferde. Ich werde darüber nicht polemisieren, je nach Gewohnheit und Gebräuchlichkeit benütze ich selbst diese getrennte Zügelführung. Das hindert mich nicht daran, ab einem bestimmten Ausbildungsstand des Pferdes zu einem bestimmten Zeitpunkt meine Zügel in die linke Hand zu nehmen und die Versammlung und Geraderichtung zu prüfen, indem ich dem Pferd diese so abverlange, Traversalen und Zickzack auf zwei Hufschlägen mit korrekter Biegung eingerechnet. Vergessen wir nicht, daß jedes menschliche Wesen dazu neigt, mehr Kraft auf einer als auf der anderen Seite einzusetzen. All dies erscheinen überholte Praktiken einer vergangenen Reitkunst zu sein, welche die gegenwärtigen Reiter nicht interessiert. Immerhin hat ein russischer Reiter während einer freigestellten Vorführung bei einem internationalen Dressurwettbewerb vor nicht allzu langer Zeit die Übungen auf Niveau des Grand Prix mit dem Hut in der Rechten vorgeführt. Die Zuschauer haben dem sichtbar zugestimmt und lebhaft applaudiert. Ich wiederhole, in der alten Reitkunst war die getrennte Zügelführung dem Zureiten von Remonten und für junge Pferde vorbehalten. Beim ausgebildeten Pferd hielten die Reiter die Zügel in der linken Hand und die Gerte in der rechten ohne Einwirkung.

Zur Beachtung: Befestigen Sie die Zügel an einer Mauer, schalten einen Dynamometer dazwischen, halten sie getrennt, wie wir sie heute halten, und messen die Spannung: Stellen Sie fest...

K A P I T E L

XVII

DIE SEITWÄRTSBIEGUNGEN

• *„Seitwärtsbiegung im Stehen ...“* •

DIE SEITWÄRTSBIEGUNGEN

Der Hals eines ausgebildeten Pferdes darf nicht zu steif und nicht zu weich sein. Wenn die Reiter einen Widerstand auf einer Seite spüren, neigen sie dazu, auf dieser Seite zu treiben und den Kopf durch Zügelanzug nach innen zu bringen in der Überzeugung, so das Problem lösen zu können. Tatsächlich wendet das Pferd den Kopf unter Zügelanzug und gibt für weniger als einen Augenblick nach, um alsbald mit dem Widerstand neu zu beginnen. Das ist ein schlechtes Verfahren, weil es während des gesamten Pferdelebens angewendet werden muß.

Die Seitwärtsbiegung im Stehen und später in Bewegung, die man „korrekte Gebogenstellung" nennt, wird vor allen Dingen durch Bein und Sporn abgefordert und bringt den Kopf mehr oder weniger seitwärts, je nachdem, wie der Reiter erfaßt, bei welchem Biegungsgrad das Pferd am besten nachgibt. Gewiß, der Innenzügel gibt die Stellung, ist aber keineswegs stärker angezogen als der andere. Diese Seitwärtsbiegung muß nach einer Geradeausbiegung verlangt werden mit einem entspannten Unterkiefer, und nur unter dieser Vorbedingung. Bringt das Pferd den Kopf zum verlangten Biegungsgrad, ohne sich aufzurollen oder mehr Gewicht auf eine oder die andere Schulter zu legen, muß es vor allem seinen Kiefer lockern, und man muß ihm dann die Zügel nachlassen. Verlangt man diese Biegung häufig im Halten, kann man sie später – sei es auf gerader Linie, sei es auf zwei Hufschlägen – auf dem Zirkel um die Schultern oder um die Hanken herum verlangen. Die moderne Reiterei hat alle diese Sachen ein wenig vernachlässigt, weil sie nicht auf der fortwährenden Suche nach Leichtheit basieren. Aber gerade diese ist es, welche es dem Reiter erlaubt, sich an einem angenehmen Pferd zu erfreuen, einem Pferd, welches vor allen Dingen nicht an Körper oder Geist traumatisiert ist. Während ich diese Zeilen schreibe, denke ich an einige meiner alten Pferde, die noch so jung wirkten, und ebenso an einen Angloaraber von mehr als 20 Jahren, der immer noch in meinem Stall ist.

K A P I T E L

XVIII

DIE MITTELLINIE

• *„Halbe Hinterhandwendungen auf beiden Hinterfüßen …“* •

DIE MITTELLINIE

Wenn man in einer Halle oder auf einem Platz arbeitet, darf man nicht vergessen, häufig die Mittellinie in den drei Grundgangarten mit einem gut geradegerichteten Pferd zu nehmen. Auf der Mitte der kurzen Seite muß man mit der Hilfe des inneren Beines abbiegen, damit das Pferd die Mittellinie gut geradegerichtet nimmt. Eine Übung, welche ich häufig anwende, ist es, auf der Mittellinie zu bleiben, hin- und zurückzureiten, indem ich halbe Pirouetten auf den Hanken an den beiden Enden durchführe, die eine nach links, die andere nach rechts. Es ist gut, auf dem Mittelpunkt gut geradegerichtet zu halten, zwei oder drei Schritte rückwärts zu gehen und wieder völlig gerade anzureiten. Man mache diese Übung jeweils andersherum. Wenn das Pferd Kadenz und Leichtheit in einer absolut korrekten Haltung bewahrt, kann diese Mittellinie nützlicher als die Wand sein, um die ersten Folgen eines Piaffierens zu beginnen. Der Reiter ist aufmerksamer, sein Pferd wirklich gerade auf der Mittellinie zu halten als längs der Wand. Diese Aufmerksamkeit auf gerade Richtung ist es, welche das Pferd ebenfalls aufmerksamer und empfänglicher erhält. Vor zwei Jahren während eines Kurses in Belgien bat man mich, ein sehr unaufmerksames Pferd zu arbeiten, welches alle guten Voraussetzungen hatte, den Reiter zu ignorieren. Während einiger zehn Tage hatte ich es fast nur auf der Mittellinie gearbeitet. Und mit einem guten Ergebnis, da dank meiner Beschäftigung mit wirklich guter Geradestellung das Pferd aufmerksam gewesen war und mir sogar gestattete, ihm einige Piaffefolgen auf der Mittellinie abzuverlangen. Wenn man das Pferd auf dieser Mittellinie gut arbeitet, indem man sich zwingt, es geradeaus leicht und versammelt zu halten, kann man dann die Zügel lockern, und es wird den Hals strecken und geradeaus auf der Linie bleiben, gleich in welcher Gangart. Es ist dies eine Arbeit, welche die Reiter vergessen haben und die eine enorme Wichtigkeit in der Ausbildung des Pferdes hat.

KAPITEL

XIX

DER GALOPP, IN WELCHEM MAN DIE ERSTEN FLIEGENDEN WECHSEL VERLANGEN SOLL

• *„Bei bestimmten Pferden muß man die ersten fliegenden Wechsel in einem kürzeren, gesetzteren Galopp einleiten."* •

DER GALOPP, IN WELCHEM MAN DIE ERSTEN FLIEGENDEN WECHSEL VERLANGEN SOLL

Es ist dies ein Gebiet von außerordentlicher Wichtigkeit. Es gibt überhaupt keine Regel. Bei bestimmten Pferden muß man die ersten Fußwechsel in einem sehr guten und gesetzten Galopp abverlangen; bei anderen in einem mehr gestreckten, leichten, weniger versammelten und mehr basculierenden. Nicht zu wissen, in welcher Galoppart man den ersten Fußwechsel bei einem Pferd verlangen soll, entspringt einem Mangel an Beobachtung und Überlegung. Bestimmte Pferde sind in einem etwas gestreckteren Galopp lockerer, indem sie von Natur aus gleichgewichtet und ruhig sind. Es ist dann dieser Galopp, den man sie gehen lassen soll, um dann die ersten Fußwechsel zu festigen. Man fange sogar in diesem Galopp an, die Wechsel einander zu nähern, und erst wenn sie darin befestigt sind, wird man versuchen, den Galopp zu verkürzen, aber wohl wissend bis zu welchem Maß. Der Reiter mit Gefühl weiß, bis wohin er den Galopp reduzieren kann, damit die Fußwechsel flüssig bleiben.

Andere Pferde, die von Natur aus in einem etwas gestreckteren Galopp nicht mehr gleichgewichtet sind oder die der Hilfen des Reiters bedürfen (und bei denen man denken möchte, daß der versammelte Galopp noch schwieriger ist), müssen anfangs in einen verhaltenen, gut gefestigten und ruhigen Galopp gesetzt werden. In diesem Galopp verlangt man ihnen dann ihre ersten Fußwechsel ab, ohne sie nach dem Wechsel aus dem Galopp fallen zu lassen. Nur – und in diesem Fall dauert es länger als im ersten Fall – wenn das Pferd seinen gesetzten Galopp bewahrt und ruhig einige Fußwechsel darin verrichtet, kann man ins Auge fassen, ihn ein wenig zu beschleunigen und zu strecken. Bleibt es in diesem Galopp locker, verlangt man einige isolierte Fußwechsel in fortwährendem Bestreben, Ruhe und leichten Ablauf zu erhalten. Das häufigere Folgen der Fußwechsel zieht sich in diesem Falle länger hin. Man muß häufig zu einem kürzeren und gesetzten Galopp zurückkehren, um von neuem die Fußwechsel zu verlangen.

Schließlich ist der Fußwechsel ein Angaloppieren nach Beendigung des Galopps. Der Reiter weiß, wie man von Fall zu Fall bei den verschiedenen Pferden aus dem Schritt angaloppiert. Je nach Individuum gibt es dabei subtile Nuancen.

KAPITEL

XX

PFERDE, DIE MIT DEM SCHWEIF QUIRLEN

• *„Viele Pferde quirlen mit dem Schweif ...“* •

PFERDE, DIE MIT DEM SCHWEIF QUIRLEN

Viele Pferde quirlen mit dem Schweif. Das geschieht aufgrund von Ungeschicklichkeit im Einsatz der reiterlichen Beine oder seiner Hände oder der Art, wie er auf seinem Pferd sitzt. Andere quirlen aufgrund körperlicher Leiden. Im ersteren Fall muß das Zusammenspiel von Händen und Beinen korrekt sein und die isolierte Einwirkung, sei es der Hand, sei es des Beines, darf das Pferd weder überraschen noch erschrecken. Die Reiter vergessen, daß das Bein an der Taille anfängt und bei der Spornspitze aufhört, welche die kräftigste Partie bei der Berührung ist. Zwischen diesen beiden gibt es aber auch leichte Berührungen und subtile Druckwirkungen, welche Beruhigung und Umrahmung zur Wirkung haben. Es gibt das Reiben der oberen oder unteren Wade von hinten nach vorne, und nicht von vorn nach hinten, wie man es häufig sieht. Es gibt schließlich den effet d'ensemble, der den ganzen Pferdekörper beruhigt und unbeweglich macht. Ich habe Pferde zahlreiche Bewegungen ausführen sehen, die man als klassisch qualifizieren könnte, wenn das Pferd ruhig geblieben wäre, ohne Schweifquirlen und ohne daß das Auge jeglichen Ausdruck von

Zufriedenheit verloren hätte; das sind keine Übungen der Hohen Schule, sondern eben hingequälte Bauerntänze. Was ein Pferd betrifft, welches durch körperliches Leiden mit dem Schweif quirlt, so ist es zunächst Angelegenheit des Tierarztes, dann auch jene des Reiters, dessen Anforderungen vorsichtig sein werden.

Ich möchte gerne noch einmal bezüglich der Beine des Reiters erinnern: Sie treiben, sie beruhigen, sie umrahmen, sie entspannen ...

KAPITEL

XXI

DAS SENKEN DES HALSES

• *„Sanft und Schritt für Schritt muß es vor sich gehen ...“* •

KAPITEL

DAS SENKEN DES HALSES

Es muß sich sanft und zunehmend abspielen, ohne daß das Pferd den Hals lang macht und abrupt nach unten bohrt. Es ist der Beweis für einen entspannten und gerundeten Rücken. Wenn ein Pferd nicht in der Lage ist, in den drei Gangarten ein korrektes Senken des Halses zu bringen, dabei kadenziert zu bleiben ohne den Rücken hohl zu machen, ist die Arbeit nicht gut gewesen. Beispielsweise kann man eine gute Galopp-Pirouette machen und das Pferd durch Senken des Halses belohnen, während das Pferd einen etwas offeneren Galopp einnimmt aber dabei seine Ruhe bewahrt. Wenn im Gegenteil beim Nachgeben der Zügel das Pferd nicht ein gutes Senken des Halses durchführt, kann man sicher sein, daß das Pferd nicht in der wahren Versammlung gearbeitet, sondern ungeschickt zwischen Hand und Beinen zusammengeschraubt worden ist. Wenn ich weniger fortgeschrittene Reiter unterrichte, verlange ich von ihnen oft, wenn sie ihre Pferde in der Versammlung sicher fühlen, ihnen den Hals lang zu lassen, ohne daß sie sich darauf legen und ohne daß sie ihre Kadenz verlieren, wenn man ihnen eine mittlere Gangart abverlangt. Wenn das Pferd die Zügel wegzieht und mit dem Hals brutal taucht, wird sein Rücken, anstatt sich zu runden, flach, was ein lustloses Pferd zur Folge hat. Ebenso beim Anhalten nach korrekter Hilfengebung mit direkter Biegung kann der Reiter, der sein Pferd gut gymnastiziert hat, ihm ein Senken des Halses abfordern mit vier unbeweglichen Beinen, gut senkrecht und darin verharren, solange er möchte, und ohne Anstrengung zum Beizäumen und zur direkten Biegung zurückkehren.

All diese kleinen Details, über die ich von Anfang des Buches an spreche, sind sehr wichtig. Reiten ist eine aus tausenden Details zusammengesetzte Kunst, und wenn der Reiter eines davon vergißt, ist die Arbeit in der Folge nicht korrekt.

K A P I T E L

XXII

WIE MAN EIN GUTES GLEICHGEWICHT ERREICHT UND HÄLT

• *„Manche Pferde sollten vor dem fliegenden Wechsel piaffiert werden ...“* •

WIE MAN EIN GUTES GLEICHGEWICHT ERREICHT UND HÄLT

Während das Pferd lernt, sich gleichzugewichten, sich in den drei Gangarten zu bewegen, in den Variationen dieser Gangarten und in den Übergängen bei den Gangarten, muß der Reiter wissen, welches die Übungen sind, die für dieses oder jenes Pferd am besten geeignet sind, sein Gleichgewicht zu erhalten. Auch die klassischen Übungen müssen nach einer Ordnung aufgebaut werden, welche dem jeweiligen Pferd am besten bekommt. Bestimmten Pferden bekommt es besser, vor den Galoppwechseln zu piaffieren, bei anderen vermehrt das Piaffieren die Schwierigkeiten bei den Fußwechseln. Man muß auch wissen, in welcher besonderen Stellung man diese oder jene Übung verlangt. Während der ganzen Ausbildung eines Pferdes müssen die Anforderungen ablaufen ohne das Gleichgewicht zu stören. Die Entwicklung von Ausdruck und Glanz kommt später, wenn das Pferd die gegebene Übung verstanden hat und sich in ihr leicht gleichgewichtet erhält. Das Markenzeichen guter Ausbildung ist nicht eine sichtbare Gestikulation, sondern die Ruhe. Es ist das Maximum an Kraft in der Ruhe, ohne mehr zu verlangen als das Pferd geben kann. Wenn die Leichtheit sich verliert und die Kadenz unterbrochen ist, ist es der Reiter, der, anstatt mit dem Pferde eins zu werden, unbedingt dem Publikum gefallen will, und damit sein Pferd zum Fußschemel herabwürdigt.

ZUM ABSCHLUSS

Mehr als ein halbes Jahrhundert auf dem Pferderücken, mehr als 40 Jahre, gewidmet einem seriösen Unterricht für Reiter, erlauben mir, das Vorstehende zu schreiben, und es ist die Frucht eines ganzen Lebens in Praxis und Liebe zum Pferd. Als ich jung war, hatte ich das Glück, einen wirklichen Meister zu haben: Vor allem anderen lernte man, das Gleichgewicht zu verbessern gleich bei welchem Pferd. Und recht häufig entwickelte sich ein Pferd, das bar jeglicher Qualitäten schien, dank geduldiger Arbeit in einem Fortschritt, der auf Überlegung des Reiters, auf seinem Taktgefühl und seiner Beobachtung beruhte. Heutzutage betrachtet man mit Verachtung bestimmte, in ihrem Körperbau auf den ersten Blick weniger gut ausgestattete Pferde, ihre Gänge oder ihr Gleichgewicht und lehnt sie ab. Man kennt ein System, man möchte es bei einem Pferd anwenden, welches „unverzichtbare" Qualitäten in sich zu vereinen scheint. Wenn aber ein Reiter sein Pferd zu lieben und dessen Vermögen zu verwerten weiß, wenn er sich auf alles, was die wahren Reiter während der Jahrhunderte geschrieben haben, stützt, auf das Ergebnis ihrer Suche und ihrer Erfahrung, wird er feststellen, daß viele dieser Pferde, welche man für schlecht hält, sich großartig verbessern, und zuweilen wirklich gut werden.

Bei allen Künsten heißt es, die Technik mit allen ihren Details zu erlernen. Danach vervollkommnet der Künstler sein Werk, indem er diese Technik dank der Liebe verfeinert.

MEMORANDUM

Bestimmt für in der Kunst bereits sehr versierte Reiter, die einen perfekten Sitz und ein vollkommen entwickeltes reiterliches Taktgefühl haben.

Es ist wohlgemerkt nicht nötig, ein Pferd rückwärts traben oder galoppieren zu lassen. Ein kräftiges Pferd aber mit soliden Sprunggelenken, welches zu einem sehr leichten Piaffieren oder Galopp auf der Stelle gebracht worden ist, kann man unmerklich rückwärts gehen lassen, ohne Zügelzug, sondern im Gegenteil mit halb gespannten Zügeln.

SCHLUSSBEMERKUNG

In der Reitkunst des romanischen Kulturkreises sucht man von Anfang an die Entspannung des Kiefers, im germanischen Kulturkreis läßt man sie aber nur gegen Ende der Ausbildung zu.